¿CÓMO SABES ESO?

¿CÓMO SABES ESO?

ELLIS POTTER

Destinée Media

© 2016 ELLIS POTTER

Sin limitar los derechos de autor reservados aquí, no se permite la reproducción del contenido de este libro, ni total ni parcialmente, sin el previo permiso escrito del autor, excepto cuando la ley lo permita y con la excepción de citas incorporadas dentro de artículos de crítica y revisión. Tampoco se permite guardar or transmitir el contenido de este libro de forma electrónica, mecánica o de copia. Para cualquier información, contacte:
info@destineemedia.com

Todo cuidado se ha llevado a cabo en citar datos originales y derechos de autor en las citas mencionadas de este libro. En caso de que se encontrara algún error, el editor estará agradecido de recibir documentación escrita que corrija el error para poder ser rectificado en posteriores impresiones.

Publicado por: Destinée Media
www.destineemedia.com

Editor principal: Peco Gaskovski
Foto del autor: Andrea Peterson

Todos los derechos reservados por el autor

ISBN 978-1-938367-30-4

INTRODUCCION	1
¿QUE SON AUTORIDADES?	3
EPISTEMOLOGIA: NO ES UNA ENFERMEDAD	9
LOS CUATRO RECUADROS	13
I Biblia (Revelación)	15
II Razón	19
III Institución (Tradición)	23
IV Experiencia	29
JUNTANDO TODAS LAS PIEZAS	33
¿Queso o cerveza?	36
Preferencia en Sistemas Religiosos	39
Tómate la Temperatura Epistemológica	45
El Enfoque del Pozo y la Historia	46
Preferencias: Pozo versus Historia	55
33 PREGUNTAS Y RESPUESTAS	61
Temas para discusión	
con respuestas por Ellis Potter	

Este libro está dedicado a
www.labri.org
donde surgieron muchas de las ideas que hay en este titular.

∎ ∎ ∎ ∎

¿Cómo sabes eso?

Cuando yo hacía esa pregunta de niño, me decían 'cuando seas grande lo entenderás', o, 'La Trinidad es una paradoja', o me daban cualquier otra respuesta imprecisa. Me frustraba oír respuestas como esas. No me ayudó a confiar en las personas a las que les preguntaba. He pasado la mayor parte de mi vida buscando la respuesta a la pregunta que dice *'¿Cómo sabes eso?'* y abriendo el abanico de posibilidades del conocimiento. Este libro es el resultado de 67 años (hasta la fecha) de búsqueda.

Seguramente tú también, como la mayoría de las personas, has preguntado muchas veces, a lo largo de tu vida, '¿Cómo sabes eso?'. ¿Cuántos años tenías la primera vez que hiciste esa pregunta? ¿Cuántos años tenías cuando alguien te lo preguntó a ti por primera vez? Muchos niños empiezan a hacer esa pregunta cuando tienen dos o tres años de edad.

La pregunta '¿Cómo sabes eso?' incluye '¿Quién te lo dijo?' y '¿Cómo lo sabes?'. Todos necesitamos estar seguros de lo que sabemos. Tanto en nuestra vida como en la sociedad en la que vivimos, diferentes fuentes de conocimiento están con frecuencia en conflicto o competición unas con otras. ¿Es así como debería ser?

Nuestra identidad y el significado de nuestra vida dependen de cómo conocemos o sabemos. Resulta desconcertante y estresante encontrarnos con diferentes fuentes de conocimiento que compiten entre sí. ¿Cómo podemos hacer frente a esto? ¿Deberíamos escoger una y desechar la otra? ¿Deberíamos liberarnos totalmente de todas las fuentes de conocimiento autoritarias?

En este libro vamos a explorar algunas fuentes de autoridad que informan a nuestro conocimiento. Por un lado, estas fuentes son bastante diferentes las unas de las otras; de hecho, no parece que vayan juntas y que compitan entre ellas. Pero, ¿qué pasaría si estas diferentes fuentes de autoridad se completan o complementan unas a otras? Vamos a explorar esta posibilidad para que nos dé un mayor y más rico entendimiento de nuestra vida y del mundo.

¿CUÁLES SON LAS AUTORIDADES?

¿Cuáles son las autoridades en tu vida? Cuando hago esta pregunta a grupos de gente, normalmente recibo una lista larga e impredecible de respuestas. Aquí hay unos ejemplos:

Padres
Dios
Policía
Gobierno
Maestros
Colega
Amigos
Yo
La ley
La gravedad
Gente famosa
Experiencia
Medios de comunicación
Publicidad
Comida
Familia
Nación
Facultades mentales
Sentidos
Ciencia
Valores morales
Pastor
Enciclopedia
Biblia
Sentimientos
El tiempo
El demonio

¿Qué tienen en común todos estos ejemplos de autoridad? O pongámoslo de otra manera, ¿qué *es* la autoridad? Hay personas que responden diciendo: 'influencia'. Otras opinan que es 'una fuente de verdad'. Muchos dicen que 'la autoridad es algo que se da a alguien o a algo', aunque esto no parece funcionar. Por ejemplo, no puedes darle autoridad a la gravedad, porque la gravedad ya tiene esa autoridad. Ciertas personas y ciertas cosas ya tienen autoridad, tanto si se la damos como si no. Ya tenían autoridad antes de que naciéramos nosotros. La idea de que la autoridad es inherente en algunas cosas no significa que la autoridad nos aprecia o nos es conveniente. Si te caes de un edificio, la gravedad no va a cooperar para salvarte la vida.

A menudo la gente piensa que la autoridad es 'poder'. Pero no se refieren a algo como la electricidad; se refieren a 'el poder' en las relaciones humanas. La autoridad parece incluir tanto aspectos personales como impersonales. La mayoría de la gente también se da cuenta de que la autoridad es necesaria para la vida, aunque puede ser mal usada o mal aplicada.

Si se me permite describirla en mis propias palabras, yo diría que:

La autoridad es el poder para describir la realidad.

¿Cómo podemos entender esto? ¿Cómo podemos aplicar esto a la vida real? Piensa en padres e hijos. Los padres son una autoridad para los hijos pequeños, porque los padres tienen el poder de definir la realidad a los niños. Describen el juego, la dieta y la hora de irse a dormir. Determinan dónde pueden jugar los niños- en el patio o en el jardín, pero no en una calle transitada.

Los niños pequeños no pueden describir la realidad por sí mismos y necesitan la autoridad de sus padres para poder sobrevivir. No tienen ni la visión ni la experiencia necesarias. Sus vidas dependen de la autoridad de sus padres. Si juegan en una calle transitada en vez de en el jardín, es posible que mueran.

También sabemos que los padres no siempre usan la autoridad a la perfección. Hasta cierto punto, todos hemos sido distorsionados, heridos y aplastados por nuestros padres y madres durante nuestra infancia, porque cometieron errores cuando ejercían la autoridad. Sin embargo, de la misma forma en que los niños no pueden describir la realidad por sí mismos, deben depender de sus padres. No hay otra manera.

No son sólo los niños pequeños los que necesitan autoridad. Todas las edades necesitan la autoridad de la ley, el gobierno, la sociedad, la familia y las estructuras económicas para poder librarse de la muerte y del caos.

Los médicos son otro ejemplo de autoridad. Un doctor tiene la autoridad para describir la enfermedad y la salud a un paciente. Un doctor puede decir: 'Esta es tu enfermedad, ésta es la razón de tu enfermedad y aquí está la medicación que necesitas para curarte'. En muchos casos, el paciente morirá si rehúsa la autoridad del doctor. Y de la misma manera en que hay padres imperfectos, hay también médicos imperfectos. A veces te toca un médico incompetente y en ese caso su autoridad puede ser inútil o incluso peligrosa. En ocasiones, un médico sólo te recetará cierta medicación porque sabe que la compañía farmacológica que produce ese medicamento le regalará unas vacaciones lujosas si consigue vender cierto número de dicha medicación.

Como se puede apreciar a través de estos ejemplos de autoridad humana, no hay garantía de que la autoridad pueda describir la realidad correctamente. La autoridad simplemente se limita a *describirla*. Esperamos que la descripción sea acertada, pero no siempre es así. Hay un cierto elemento de confianza al vivir con autoridad. Confiar significa tener coraje y creer que una relación de autoridad es beneficiosa y no perjudicial. La autoridad interpersonal funciona mejor cuando hay confianza.

Los medios de comunicación tienen autoridad para presentar al público una realidad de placer, belleza y salud. Tienen el poder de determinar cómo nos identificamos a nosotros mismos: cómo ser aceptable, queridos, envidiados, influyentes y admirados. Ellos tienen el poder de convencernos de que si compramos y usamos cierto producto tendremos cierta identidad y estaremos realizados.

La palabra 'autoridad' procede del vocablo 'auto', que significa 'propio', como en 'autónomo' o 'autobiografía'. Pero si la autoridad está relacionada con lo 'propio', ¿con cuál deberíamos empezar? ¿Empezamos con mi propio ser? ¿Significa eso que yo debo ser Dios por mí mismo? ¿Soy un buen Dios? ¿O puede que 'propio' se refiera a otro ser poderoso? ¿Debería ese 'otro' ser Dios?

Otra pregunta sobre el vocablo 'auto' en autoridad: ¿Cómo se llama la persona que escribe un libro? Esa persona se llama 'autor'. Un autor tiene autoridad para describir la realidad en un libro.

Si María escribe una novela, ella puede decir que 'Juan es un alcohólico'. Cuando Jorge lee el libro, es posible que él diga: 'yo no creo que Juan sea alcohólico. No es justo ni agradable llamarle alcohólico'. ¿Cómo crees que María responderá a esto? Si es como la mayoría de autores, muy probablemente dirá: 'Querido Jorge, estás totalmente loco porque yo soy la autora del libro y puedo decir lo que me apetezca. Si digo que Juan es verde y tiene cinco piernas, significa que Juan es verde y tiene cinco piernas. Yo soy Dios en este libro'. Esa es la autoridad que tiene un autor. El autor de un libro tiene la autoridad para describir la realidad en el libro como le convenga.

La forma en la que la gente usa la autoridad puede ser buena, mala, inteligente o estúpida, una bendición o una maldición, pero en todos los casos implica el poder para describir cómo es el mundo.

Hay muchos tipos de autoridad en el mundo. El punto central de este libro se concentra en las fuentes de autoridad que informan a nuestro conocimiento sobre cualquier cosa. ¿Qué tiene la autoridad para ayudarnos a conocer de verdad?

EPISTEMOLOGÍA: NO ES UNA ENFERMEDAD

Este tema se conoce como *'epistemología'*. No es una enfermedad. Es el estudio del saber y de saber cómo sabemos. El término 'epistemología' tiene sus raíces en las palabras griegas 'conocimiento' y 'estudio sobre', por lo tanto significa 'comprender y contextualizar la información'. Se trata de cómo procesamos y nos relacionamos con la información y las experiencias.

La epistemología es algo muy corriente. Ocurre cada día y de formas muy diferentes. Por ejemplo, ¿sabes si te gusta el chocolate? Si es así, ¿cómo lo sabes? ¿Necesitas discutirlo con alguien para saber que te gusta? ¿Tienes que leer un libro para darte cuenta de que te gusta? ¿Precisas de una fórmula matemática para saber que te gusta?

No. Sabes que te gusta el chocolate a través de la experiencia. Lo sabes cuando te lo pones en la boca y sientes placer. Este conocimiento no tiene discusión. Si tú me dices que te gusta el chocolate y yo no te creo, estoy siendo muy tonto.

Hay un proverbio romano que dice: 'sobre gustos no hay nada escrito'. Su origen está en la experiencia. De la misma manera, si tú me dices que tu color favorito es el rojo, sería ridículo que yo te dijera: 'eso no es correcto; debería ser el azul' o '¿no te gustaría cambiarlo al azul?'. Sobre la experiencia no puede haber discusiones, aunque sí se puede discutir su significado.

Considera lo siguiente: ¿sabes que dos más dos son cuatro? ¿Cómo lo sabes? Hay gente que dice que su profesor una vez les dijo que dos y dos son cuatro. Pero el profesor no les pudo haber dado todas las posibles combinaciones de sumas. Aprendemos un proceso racional para saber cómo los números se combinan y funcionan juntos. Racional significa experimentar la realidad en raciones, las cuales son relaciones.

Aunque tú sabes que dos más dos son cuatro, no sabes a qué sabe eso. De manera que tu conocimiento acerca de la suma de dos más dos es diferente de tu conocimiento sobre el chocolate. ¿Cuál de ellos es un conocimiento más real? Son igualmente reales, pero muy diferentes.

¿Sabes si tienes que parar en un semáforo cuando está rojo y continuar cuando está verde? ¿Cómo sabes eso? Muchos dicen que es lógico saber eso, pero no lo es. El color rojo es un color cálido, activo que significa 'atacar'. Pregúntaselo a cualquier toro o a cualquier abeja. El color verde es fresco y tranquilo. Significa descanso. Pregúntale a cualquier diseñador de interiores. Nuestro conocimiento de la luz roja y la luz verde del semáforo no es lógico; es tradicional o cultural. Es un conocimiento necesario que nos puede salvar la vida. Incluso si este conocimiento no fuera racional, no sería sabio ignorarlo. Necesitamos este conocimiento para vivir. Forma parte de unas costumbres y de cierto ritmo en nuestra vida. Tanto para los peatones como para los conductores, el significado de un semáforo rojo o verde es algo lógico. Si no lo obedecemos, podemos sufrir un accidente y morir. El conocimiento tradicional y cultural es diferente del conocimiento empírico y racional, pero ambos son igualmente reales.

¿Sabes si le gustas a tu amigo? ¿Cómo lo sabes? Quizás te lo haya dicho. Quizás no te evita. Quizás se ríe de tus chistes y te anima.

Este conocimiento puede ser muy sutil, pero muy fuerte a la vez. Necesitamos este tipo de conocimiento en nuestra vida.

¿Sabes que la Biblia, o el Corán, o los Upanishads, o la Torá o cualquier otro libro sagrado, es verdad? ¿Cómo lo sabes? Puede que lo sepas por su veracidad histórica, o su consistencia interior o por su aplicación sana en tu vida. El conocimiento de que la Biblia u otro libro sagrado es verdad también incluye la fe- de la misma manera en que necesitas cierto grado de fe para saber que le gustas a tu amigo.

Como puedes comprobar a través de estos ejemplos, existen muchas maneras diferentes de saber. Quizás a ti se te ocurran otros ejemplos. El saber es algo rico y complejo- tanto que nos es imposible tener un conocimiento total. No podemos ver la imagen completa desde ningún punto de vista de los diferentes modos de conocer o saber. No sabemos a qué saben todas las cosas y no todas las cosas tienen sabor; y no todo nuestro conocimiento es lógico. Pero aun así, todas las distintas formas del conocimiento forman parte de un conjunto de epistemología viva y completa. La relación entre las distintas formas del conocimiento no es competitiva, sino complementaria. Esto significa que se necesitan y se complementan entre ellas.

LOS CUATRO RECUADROS

Ahora vamos a examinar las diferentes fuentes que informan a nuestro conocimiento. Para empezar, observemos el diagrama a continuación. Cada recuadro va a representar una fuente de autoridad que informa a nuestro conocimiento o epistemología. Vamos a explorar cada recuadro individualmente, al igual que su relación con los demás y por qué se necesitan todos para tener una epistemología completa.

EL PRIMER RECUADRO: LA BIBLIA

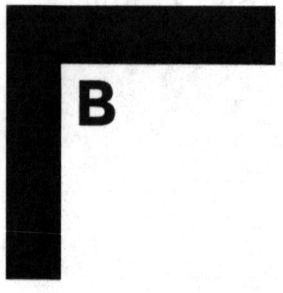

El primer recuadro lo llamamos **B** por **Biblia** (o Revelación). La Biblia, u otras revelaciones como lo son el Corán, los Upanishads y las Vedas, nos muestran cosas sobre la realidad que no podríamos saber de ninguna otra manera. Por ejemplo, la Biblia nos dice que la realidad no es mecánica, sino fundamentalmente personal, empezando por un Dios que es una Trinidad de tres Personas. Si esta información es correcta, no puede ser determinada ni por la ciencia ni por la razón. No puede ser descubierta a través de la observación del mundo físico o por experimentos de laboratorio. Es un conocimiento revelado. Por supuesto, esta información no debería estar en conflicto con la ciencia ni con la razón; debería complementar lo que aprendemos basado en la razón y la ciencia. Pero la información en sí misma no se puede obtener científicamente.

Revelación significa información que va desde el mundo sobrenatural al natural. Tomemos el caso de la información misma como un ejemplo. Está ampliamente reconocido, sobre todo en el campo de la biología, que la información (por ejemplo el código genético) gobierna el funcionamiento del material de la vida. Aunque la información existe y gobierna la materia, no hay evidencia de que la materia produzca información. La mejor forma de entender esta hipótesis es pensar que la información es sobrenatural. La hipótesis más religiosa es que la materia produce información y tenemos fe en que el proceso será descubierto con el tiempo. La religión de esta hipótesis es el Cientismo, o la creencia de que la ciencia puede descubrir toda la verdad (basado en la suposición, no comprobada, de que la materia constituye toda la realidad). Pero esta clase de fe parece ser muy extremada. La ciencia es un don maravilloso, pero no es una buena idea adorarla.

EL SEGUNDO RECUADRO: RAZÓN

El segundo recuadro está denominado '**R**' por **Racionalidad**. Como mencioné anteriormente, la racionalidad implica ver la realidad en porciones o relaciones. Para entender porciones o relaciones hay que entender la lógica; esto se puede expresar de una manera matemática.

Aprendemos cosas sobre la realidad que no podemos aprender de la Biblia o de otra revelación. Por ejemplo, la ciencia dental ha sido desarrollada a través de la racionalidad. La Biblia no menciona en ningún momento la odontología. Una persona que sólo recibe información a través de la Biblia (o del cuadrado de la Revelación en general) quizás nunca vaya al dentista porque la odontología es conocimiento extra-bíblico. Sin embargo, el conocimiento de la odontología es una de las formas de obedecer el mandato bíblico de ejercer dominio sobre la creación. No debemos seguir la corriente a las caries, sino que debemos tener dominio sobre ellas. De esta manera, la odontología no está en conflicto con lo que aprendemos en la Biblia, sino que tiene una relación complementaria con la Biblia. Nos proporciona un entendimiento más amplio del mundo.

La Racionalidad también da dominio a las personas sobre el resto de la creación. Según la imaginación racional de la gente, la civilización requiere la manipulación de la naturaleza. Por ejemplo, el trigo salvaje crece a orillas del rio, mezclado con muchas otras plantas. La civilización humana requiere la intervención de los seres humanos para decidir dónde crecerá el trigo. Esto ocurre porque una fuente de poder racional, imaginativa y creativa se impone sobre la selección natural del trigo y no de la manera en la que ocurre cuando no hay intervención humana. Si los seres humanos no manipularan la naturaleza de esta manera racional y creativa, la sociedad no existiría. Tendríamos que volver a la forma de vida de los cazadores y recolectores. Al mismo tiempo, la dominación de la naturaleza debe ir acompañada por la preservación y la conservación para asegurarse de su continuación.

Si la relación entre la racionalidad y la revelación son complementarias, entonces ambos recuadros son esenciales y ninguno de ellos es adecuado por sí mismo. También hay formas en las que se interrelacionan. Si Dios ha creado el mundo, entonces podemos descubrir muchas cosas acerca del Creador cuando examinamos la creación. La creación es hermosa, ordenada, fiel y fiable; Dios nos invita a observar estas características para entenderle mejor. Cuanto más descubrimos acerca de la arqueología, la biología molecular, la física cuántica y otras disciplinas que dependen de la razón, más aprendemos de Dios y su trabajo.

EL TERCER RECUADRO: INSTITUCIÓN

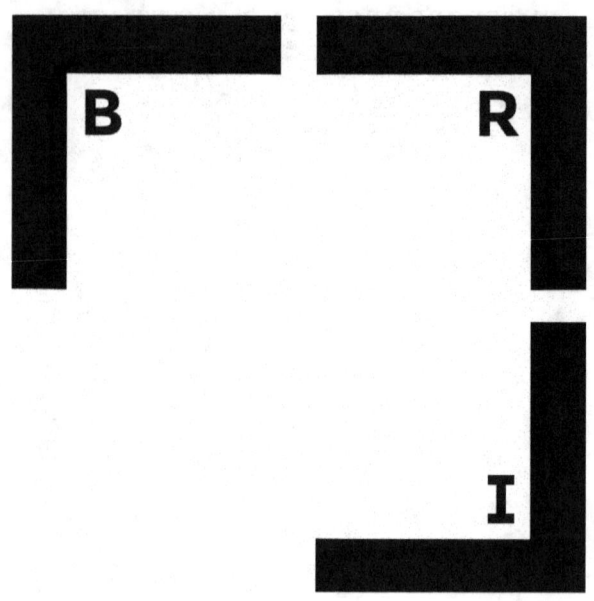

La tercera fuente de información con autoridad la encontramos en el tercer recuadro del diagrama. Se trata de la **Institución** o tradición.

La institución representa varios grupos de personas que viven juntos a lo largo de un periodo de tiempo. Incluye el matrimonio, la familia, la amistad, la comunidad, la nación, la iglesia y otras instituciones en las que las personas están interrelacionadas. Todas las instituciones desarrollan tradiciones, las cuales nos ayudan a construir y preservar nuestro conocimiento, de manera que cada nueva generación no tiene que empezar de cero. Hay tradiciones con una vida corta, mientras que otras duran más tiempo.

De las instituciones aprendemos ciertas cosas que no podemos aprender de la racionalidad o de la revelación. El conocimiento que obtenemos a través de la institución no se puede expresar matemáticamente. La institución nos proporciona el conocimiento a través de la relación con otras personas.

La revelación de la Biblia (por ejemplo, 1 Juan 4:19-21) nos enseña que sólo podemos conocer a Dios y su amor cuando nos amamos unos a otros. Sólo podemos amarnos unos a otros dentro de una institución. No podemos conocer este amor a través de una ceremonia religiosa. Tampoco lo podemos experimentar únicamente mediante los sentimientos. El amor no es un sentimiento. El amor es una serie de decisiones responsables que promueven y animan al otro para que pueda llegar a ser la persona que Dios había destinado ser. El objetivo del amor es hacernos más reales.

Como se puede comprobar, el amor no está centrado en sí mismo. El centro del amor, su foco, es la otra persona. Así que el propósito del amor no es el expresar mi satisfacción, mi deseo o mi gozo. La finalidad del amor no es mi propia gratificación, o incluso el gratificar al otro. El propósito del amor es establecer a las personas en la verdad. Es por esto que a veces el amor resulta difícil o doloroso.

Muchas personas creen experimentar el amor de Dios cuando sienten que las personas les aman. Esto es parte de la verdad. Esto es amor que recibimos. La otra parte de la verdad es que conocemos el amor de Dios cuando amamos sacrificialmente a otras personas. Este es el tipo de amor en el que somos activos. La relación entre dar y recibir debe ser complementaria más que competitiva.

No podemos conocer el amor tan sólo al leer la Biblia. No podemos conocer el amor a través de la razón. Tenemos que vivir el amor en el contexto de una relación o una institución. En el Antiguo Testamento, la palabra que se usa para 'conocer' significa 'coito sexual'. Eso no es algo que se hace racionalmente en la distancia. Es una forma de conocer comprometida, involucrada.

No deberíamos pensar que nos podemos esconder en una cueva con nuestra Biblia y de esa manera conocer a Dios en todas sus facetas. La visión del mundo que proporciona la Biblia es diferente. La Biblia dice que necesitamos vivir dentro de relaciones, en familias, iglesias, culturas y naciones. Amar a Dios incluye amar a otros dentro de esas instituciones.

Es cierto que a veces el conocimiento obtenido a través de las instituciones se exagera o se confunde. A veces la gente dice: 'sabemos que esto es cierto porque siempre lo hemos hecho así'. O: 'esto es cierto porque siempre lo hemos creído'. O, hay un anciano de la iglesia que no acepta una traducción moderna de la Biblia. Esta forma de pensar no se incluye dentro del contexto de los cuatro recuadros.

El conocimiento que tenemos de la fe cristiana ha sido desarrollado a través de distintos concilios de iglesia y de desarrollos históricos dentro de la iglesia. Estas instituciones nos dieron una definición más perfeccionada de la verdad tal y como se expresa en la Biblia. Un ejemplo de ello lo encontramos en el credo Niceno de los apóstoles, el cual comienza diciendo: 'Creo en un solo Dios, Padre todopoderoso, Creador del cielo y de la tierra, de todo lo visible y lo invisible. Creo en un solo Señor, Jesucristo, Hijo único de Dios...'

No hay nada en el credo Niceno que no esté en la Biblia. El credo fue elaborado por un grupo de personas que se unieron para encontrar una manera de expresar ideas claves de la Biblia. El credo es el resultado de este encuentro entre personas que se unieron en oración, en conversación y en la lectura de las Escrituras. El Credo refina y añade definición a nuestro entendimiento de Dios y de la fe cristiana. Hace énfasis en ciertos puntos de la verdad, previniendo a la misma vez que entren herejías en el conocimiento de Dios. El Credo no altera ninguna enseñanza bíblica- no reinventa la rueda, no reinventa la verdad- sino que refleja y destila la verdad.

El Credo Niceno es un ejemplo de conocimiento que nos llega a través de la comunidad o las instituciones. Aprendemos acerca de Dios al vivir en la institución histórica de la iglesia. Conocemos a Dios a través de las obras caritativas, la sumisión y las relaciones de apoyo mutuo de la comunidad del pueblo de Dios.

Muchos de nosotros hemos sufrido en iglesias a manos de malos líderes, prejuicio, intolerancia, abuso, rechazo, manipulación o tiranía. Nos sentimos tentados a eliminar la iglesia debido a estos problemas; pero eso sería como tirar el grano con la paja. La institución necesita ser parte de la mezcla de cómo vivimos en la realidad y cómo conocemos la realidad.

Hay otra forma, más profunda, de entender la importancia de las relaciones en la epistemología. Es el entender que un hecho no significa una verdad. La verdad incluye el hecho más el significado. ¿Qué quiere decir 'significado'? El significado significa relaciones, lo cual implica que no hay nada que tenga significado en sí mismo. Por ejemplo, el significado del color rojo no está en el color mismo. Su significado está en relación con el color verde, el azul y los otros colores. El significado de Adán en la historia bíblica de la creación no está en él mismo, sino en su relación con Dios y con Eva. El significado de Jesús no se encuentra en él mismo, sino en su relación con el Padre y con el Espíritu Santo. Tu significado no está en ti mismo, sino en tus relaciones con otros. Todo conocimiento verdadero es relacional en varias formas.

EL CUARTO RECUADRO: EXPERIENCIA

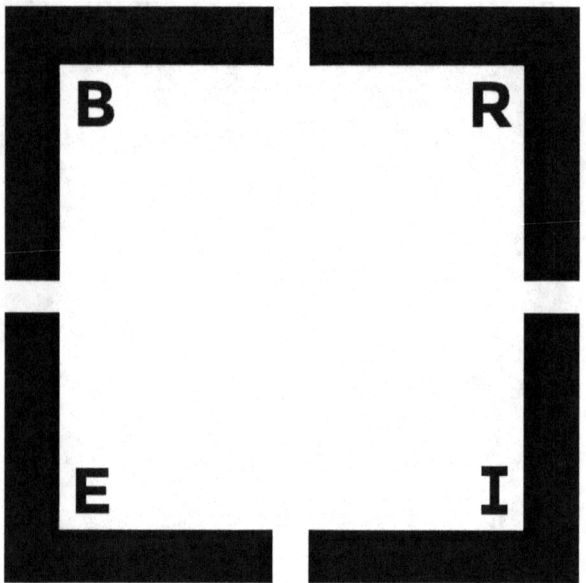

La experiencia personal es esencial para entender la realidad. Necesitamos experimentar la admiración, el temor, la pena, la esperanza, el consuelo y la gratitud porque no los obtenemos de los otros recuadros. Las experiencias personales son subjetivas, lo que significa que dependen de tu punto de vista, el cual es único. Pero el hecho de que sean subjetivas no significa que no sean reales. Hay partes subjetivas y objetivas de la verdad y ambas son esenciales. De hecho, no hay una verdad objetiva, ni tampoco una verdad subjetiva. La verdadera verdad siempre es tanto subjetiva como objetiva. La relación viva y auténtica entre la objetividad y la subjetividad de la verdad debería ser complementaria más que competitiva.

Si cuatro personas son testigos de un accidente de tráfico desde diferentes puntos de vista, lo que ven o viven subjetivamente va a variar entre ellos. Sus experiencias del accidente no deberían competir entre ellas, sino que deberían complementarse para dar un conocimiento más completo y verdadero de lo que ocurrió. Algunos críticos de los Cuatro Evangelios quieren que creamos que, porque hay varias experiencias subjetivas en vez de una sola objetiva, el accidente nunca ocurrió. El accidente ocurrió y Jesús existió objetivamente. Hay opiniones subjetivas de ambos.

La experiencia personal es una fuente autoritativa de conocimiento sobre la realidad. Cada uno de nosotros tenemos experiencias de la naturaleza, la humanidad, el amor, la sanidad, el conocimiento, la guía, la imaginación, la intuición y la realidad en general que son individuales, subjetivas e intransferibles. Todas estas experiencias informan a nuestra epistemología.

Aprendemos cosas a través de esas experiencias personales que no aprendemos por medio de la lectura de la Biblia. No las aprendemos a través del pensamiento y la razón. Y tampoco las aprendemos por medio de las instituciones.

Los cristianos saben que Dios les ama porque les consuela, les embarga de felicidad, les da gozo y llena sus corazones de admiración y del Espíritu Santo. Dios es un Dios personal y relacional y, por lo tanto, no se le puede conocer en la distancia. Tiene que ser de una manera muy íntima. Para cada persona es una experiencia diferente y única. Es como un matrimonio: yo no puedo compartir las profundas experiencias de mi matrimonio contigo, de la misma manera que tú no puedes compartir las experiencias de tu matrimonio conmigo. La experiencia es esencial para que podamos conocer realmente el matrimonio.

Sin embargo, aunque la experiencia es necesaria, no se puede aislar del resto de los recuadros. Si dependo tan sólo de mi experiencia para conocer la realidad, estoy viviendo en una burbuja experimental. En ese caso, yo debería decir: 'Dios *es* mi experiencia'. Pero si Dios no es más que mi experiencia, entonces lo que estoy haciendo es adorarme a mí mismo, lo cual es totalmente auto-referencial. Esto no es Cristianismo. Es humanismo o egoísmo; te fuerza a ser tu propio Dios.

JUNTANDO TODAS LAS PIEZAS

Cada uno de los cuatro recuadros representa una autoridad diferente para el conocimiento de la realidad. Cada recuadro es único porque contribuye algo que los demás no pueden contribuir. Cada recuadro es esencial porque no podemos entender a Dios y la totalidad de la realidad si ignoramos uno de los cuadrados de la epistemología.

Se necesitan los cuatro recuadros. No podemos conocer la realidad verdaderamente si sólo usamos la racionalidad. No podemos conocer la realidad verdaderamente si tan sólo tenemos la autoridad y tradición de la comunidad. No podemos conocer la realidad verdaderamente si pasamos el día entero encerrados en una habitación leyendo un libro sagrado. Si únicamente poseemos experiencia personal, si vemos ángeles y profetizamos, pero ignoramos el resto de los cuadrados para completar el entendimiento de la verdad, entonces nuestra experiencia personal no es suficiente y puede que incluso sea peligrosa.

De hecho, todos los recuadros pueden ser peligrosos si están aislados. Pero ello no significa que podamos vivir sin ellos. Nuestra racionalidad está en peligro si estamos totalmente enfocados en ella, porque nos puede desconectar de nuestras emociones, nuestras instituciones y nuestra imaginación. La institución tampoco está segura. Por ejemplo, la iglesia puede ser manipuladora y puede asociarse con el estado. Tampoco la Biblia es segura si está aislada del resto de los cuadrados, porque para entender la realidad en su totalidad necesitamos nuestra razón, nuestras experiencias y las instituciones y tradiciones de la comunidad para que contextualice cómo leemos las Escrituras.

A veces las personas preguntan: '¿Cuál es el recuadro más importante? ¿Cuál de ellos tiene prioridad?'. Pero los cuatro recuadros no son una jerarquía. No hay uno que sea superior a otro. Son complementarios lo cual significa que se precisan todos para entender la realidad. No hay un recuadro que domine a los otros. No son iguales en función, ni tampoco son intercambiables. Todos son esenciales, distintos y únicos. Ninguno es dependiente y ninguno es el primero. Todos son primarios y todos son originales.

¿QUESO O CERVEZA: CUAL PREFIERES?

La conferencia sobre la que se basa este libro ha sido a veces llamada 'La conferencia del queso' porque si juntas las letras del diagrama, empezando por la B en la izquierda y continuas hacia la derecha, se forma la palabra 'Brie', un tipo de queso francés. Pero si empiezas por la letra B y continuas en dirección hacia la izquierda, se forma la palabra 'Bier', que significa 'cerveza' en alemán. Por lo tanto, puedes tener queso o cerveza, lo cual es evidentemente un tema nutritivo y atractivo.

Una vez di esta conferencia en Suiza y un estudiante de teología evangélica respondió con el siguiente comentario: 'Tienes que reorganizar tu diagrama, de manera que la Biblia esté sobre las otras categorías, demostrando que todo procede de la Biblia; o al contrario, debes poner la Biblia como base y fundamento del resto de las categorías'. Personalmente, como pastor evangélico que soy, me inclino hacia esta sugerencia. Pero no me fío de mi tendencia natural- ¡no me fío de mis tendencias en general! Si soy un pecador, si estoy roto y confundido, si estoy distorsionado, entonces debería suponer que mi visión de las cosas está desenfocada. Esto que digo no suena prometedor, pero es algo real. No debería sorprenderme que mis deseos naturales, tendencias y prejuicios estén desajustados y fuera de foco. Es por esto por lo que debo dejar mis preferencias naturales y mirarlo todo desde una perspectiva más amplia que yo mismo. Es entonces cuando me daré cuenta de que los cuatro recuadros son esenciales para tener una epistemología adecuada.

Todos tenemos un recuadro preferido y pensamos que ese es el más auténtico y el que debería gobernar sobre los demás. Cuando nos inclinamos hacia un recuadro con mucha fuerza es cuando se crea un extremismo o fanatismo. Como resultado, nuestra epistemología está incompleta y distorsionada. Cuando un recuadro se favorece más que otro se crea una situación de estrés, de confusión y de malentendido. ¿De dónde proceden estas preferencias? A veces son el resultado de nuestra crianza y de nuestra personalidad. Otras veces ocurren como respuesta al ambiente que respiramos en la cultura que nos envuelve. Nuestra ignorancia y nuestro punto ciego también influyen. Es posible que evitemos, temamos o simplemente ignoremos un cuadrado porque no sabemos nada sobre él o porque hemos tenido una experiencia negativa con ese cuadrado, nos manipularon, fuimos frustrados, fracasamos o quizás nuestros padres hablaron negativamente sobre ese cuadrado.

En ocasiones, los científicos descartan la Biblia porque ellos enfatizan la racionalidad en extremo. Por otro lado, los cristianos descartan la racionalidad porque enfatizan extremadamente la fe. Es natural que queramos enfatizar nuestro punto fuerte, pero debemos tener cautela con nuestra tendencia natural.

El apóstol Pablo no tuvo temor de sus puntos débiles. Antes de convertirse al Cristianismo y mientras era miembro del partido Fariseo, Pablo entendía la verdad de una manera legalista. Tras su conversión, ciertas experiencias físicas, emocionales y sociales debilitaron su legalismo y como consecuencia, desarrolló una epistemología más robusta y completa. En su segunda carta a los Corintios, Pablo dice a los lectores: 'cuando soy débil, entonces soy fuerte' (2 Corintios 12:10). Cuando Pablo era fuerte en uno de los cuatro recuadros, su fuerza era natural. Cuando esta tendencia natural era débil, su epistemología se ampliaba y se fortalecía espiritualmente- es decir, se volvía más real e inclusiva de la realidad total.

Podemos comparar la epistemología con el judo. El judo es el amable arte que a veces retrocede, otras concede y permite que una fuerza oponente dé forma a la realidad. Cuando nos ofuscamos en insistir que nuestro cuadrado favorito es el más importante, nuestra visión de la realidad se debilita. Cuando derribamos las barreras y consideramos la validez y sorprendente fuerza de los recuadros menos favoritos, nuestro entendimiento de la realidad se acrecienta.

Si reforzamos lo que ya es fuerte, nuestro entendimiento de la realidad se debilita. Si reforzamos lo que es débil, nuestra epistemología se enriquece, fortalece y completa. Esto es algo difícil de aceptar porque requiere humildad, fe y confianzaporque no vemos el valor de las cosas débiles en la vida. Caminamos por vista en el área donde nos sentimos fuertes, pero también necesitamos caminar por fe en el área en la que somos débiles. Yo encuentro este consejo extremadamente difícil de seguir y me resulta duro reforzar deliberadamente lo que es débil. El confrontar nuestras debilidades nos hace sentirnos vulnerables y, sin embargo, es esta vulnerabilidad la que nos permite crecer en nuestro entendimiento y fortaleza.

PREFERENCIA EN SISTEMAS RELIGIOSOS

La tendencia a concentrarse en un recuadro en particular no es un problema único al individuo. También ocurre en sistemas religiosos en general. En ciertas formas del Cristianismo evangélico, la Biblia se convierte en el centro de todo, se exagera, excluyendo los otros cuadrados del conocimiento y marginaliza la importancia de las relaciones, la experiencia y la racionalidad. Este énfasis exagerado sobre la Escritura también se encuentra en ciertas formas del Judaísmo (Tora), Islam (Corán) y Mormonismo (El Libro de Mormón). En todos estos ejemplos, Dios y la realidad se entienden totalmente a través de un texto revelado en concreto. Como dije antes, yo, al ser cristiano evangélico, tengo tendencia a enfatizar el cuadrado B, pero tengo que tener cuidado con eso y debo evitar asumir que lo que yo prefiero por naturaleza es la realidad básica de la vida humana.

En algunas visiones del mundo, la gente tiende a inclinarse más hacia el cuadrado de la racionalidad a costa de los otros tres. Dos ejemplos de ello los encontramos en el humanismo ateo y en el comunismo. Ambos ideales ignoran o disminuyen la importancia de la experiencia humana y a menudo intentan explicar la realidad desde un punto de vista matemático o científico. Es por esta razón por la que en el régimen comunista los escritores y los maestros se describen como 'los ingenieros del espíritu humano'.

Las ramas liberales del Cristianismo se inclinan más hacia el cuadrado de la racionalidad. Algunas iglesias liberales son súper-intelectuales, y criban el contenido bíblico para concentrarse en lo intelectual, de manera que puedan ajustarse mejor al cuadrado R. Muchas de estas iglesias intentan eliminar o disminuir lo sobrenatural y otros elementos de fe bíblicos, explicándolos dentro de un contexto natural.

El énfasis exclusivo en el cuadrado racional lleva a formular una epistemología débil e incompleta. Hace unos años yo estuve en la capital de Transilvania, Cluj-Napoca/Kolozsvar. Una cafetería cristiana llamada Quo Vadis había organizado unas charlas abiertas y me invitaron a dirigir una de ellas. Quo Vadis era uno de los lugares más interesantes de la ciudad y estaba decorado en un estilo post-modernista. Unas doce personas se sentaron alrededor de una mesa de estilo modernista grande de cristal. La mitad de ellos eran cristianos y la otra mitad no lo eran. Entre ellos había varias profesiones representadas: maestros, enfermeros, psicólogos, arquitectos, historiadores e incluso un neurocirujano.

Los anfitriones eran cristianos y fueron ellos los que iniciaron la conversación hablando sobre la naturaleza de la fe, qué esperar como respuesta a la oración, y experiencias sobrenaturales. Al cabo de una media hora, un hombre con un inglés excelente interrumpió la charla diciendo: '¡Vosotros los cristianos y vuestras experiencias! Yo soy neurocirujano y puedo explicar todas vuestras visiones, emociones y sensaciones sobrenaturales de una manera electrónica, quirúrgica y químicamente. Ni lo sobrenatural ni Dios existen. Tan solo hay materia y energía en la realidad.' Y continuó dando más ejemplos e ilustraciones. Yo escuchaba y oraba al mismo tiempo, pidiendo sabiduría para contestar a este hombre. Cuando por fin terminó de hablar, me sorprendí a mí mismo diciendo: 'Hablas como alguien que nunca ha estado enamorado'. El hombre se quedó parado y se ruborizó. Entonces le pregunté: '¿Estás enamorado?'. Él dijo: 'Sí, lo estoy'. Yo le dije: '¿Puedes reproducir esa relación con tu mujer en el laboratorio? ¿Y lo sabe ella?'.

Tras un largo silencio él contestó: 'Me has pillado'. Este hombre estaba viviendo un cambio de paradigma epistemológico. Por fin vio la luz. Se dio cuenta de que no podía reducir las experiencias de su vida a materia y energía, pero quería reducir las experiencias de otras personas. Era una persona abierta y sincera y por lo tanto un excelente científico. Había puesto tanto énfasis en el cuadrado de la racionalidad que su epistemología estaba coja y distorsionada. Había invalidado los otros tres recuadros al invertir exclusivamente en el cuadrado R. Le pareció algo muy positivo el poder ampliar su base epistemológica.

Otros sistemas religiosos se enfocan en el recuadro de la Institución. Estos enfatizan exageradamente la tradición y a menudo son nacionalistas. Como ejemplo se pueden citar algunas versiones del sintoísmo y el Judaísmo. Dentro de la fe cristiana, las iglesias católicas y las ortodoxas también se inclinan hacia el cuadrado de la institución (tradición). Los protestantes suelen decir que la Biblia describe a la iglesia y que para poder saber cómo ha de ser la iglesia necesitamos consultar la Biblia. Tienen una jerarquía epistemológica como el diagrama a continuación:

Dios

↓

Biblia

↓

Iglesia

Los creyentes ortodoxos creen que la Iglesia escribió la Biblia. Por lo tanto, su jerarquía epistemológica es:

Dios

↓

Iglesia

↓

Biblia

Esto implica que la Biblia debe entenderse dentro de la Tradición Santa de la Santa Madre Iglesia.

Los Católicos tienden a enfatizar tanto la Biblia como la Institución. Ellos creen que el Espíritu continúa inspirando a la Iglesia y por ello tienen una visión de la actividad reveladora del Espíritu Santo más abierta. Los Católicos tienen una jerarquía epistemológica como ésta:

Dios

↓

Biblia e Iglesia

En cierta ocasión estuve hablando en la academia naval de Gdansk en Polonia, donde todos los candidatos a oficial eran católicos. Cuando les presenté los cuatro cuadrados como equitativos y necesarios se pusieron en pie a gritar porque, en su opinión, yo había insultado a la Santa Madre Iglesia por no haberla puesto como fundación de los otros tres cuadrados. Estuve de acuerdo con ellos y su frustración en que la Institución es esencial; no puede ser ignorada ni relegada a un segundo plano. Pero los otros cuadrados también son esenciales. Si decimos que un cuadrado es un derivado de otro o secundario, nos vamos a encontrar batallando sobre cuál es el primario- de hecho *hemos* batallado sobre la supremacía de uno u otro. Pero si reconocemos que todos son esenciales y que su relación es complementaria más que derivativa o competitiva, encontraremos una estabilidad, una paz y una complementación.

La experiencia personal de la realidad es una parte esencial de una epistemología completa y sana. Sin embargo, algunos sistemas religiosos se enfocan excesivamente en el recuadro de la experiencia. Como ejemplo de ello tenemos algunas formas de Hinduísmo y Budismo, y religiones New Age. Algunos tipos de cristianismo pentecostal y carismático también se inclinan hacia este recuadro. Las personas en este tipo de iglesias entienden a veces la Biblia no por lo que dice, sino por cómo sienten y viven lo que dice. Esta actitud se encuentra hasta cierto punto en la lectura de un texto postmodernista, en el que el significado del texto es en realidad la respuesta del lector hacia ese texto.

Reitero, es muy común que la gente enfatice lo que para ellos es normal. Una persona con una mente aguda se va hacia el recuadro de la racionalidad, y es posible que descuide o no confíe en la experiencia. Una persona con experiencias fuertes se inclina hacia el recuadro de la experiencia y se siente bendecida por esas experiencias; se centra tanto en este recuadro, que abandona o mira con sospechas al cuadrado de la racionalidad- y entonces nos encontramos con el problema opuesto. No es un problema más grave, sino tan sólo opuesto. Este problema puede ocurrir y ocurre en la manera en la que las personas afrontan los cuatro recuadros.

TÓMATE LA TEMPERATURA EPISTEMOLÓGICA

Considera las siguientes preguntas, en privado o en grupo, sobre los cuatro recuadros:

- ¿Cuál es tu recuadro preferido para entender la verdad?
- ¿Juega algún papel tu personalidad en esta preferencia? Por ejemplo, ¿eres muy emotivo/a o estás conectado/a con tus experiencias internas? ¿O eres más racional y analítico/a?
- ¿Qué aspectos de la verdad se premiaban y estimulaban cuando eras pequeño/a?
- ¿Qué aspectos de la verdad se castigaban o disuadían?
- ¿Qué aspectos de la verdad se ignoraban o pasaban por alto?
- ¿Qué aspectos de la verdad se consideraban peligrosos?
- En este momento, ¿qué cuadrado o cuadrados evitas o te disgustan?
- ¿Qué cuadrado o cuadrados intentas controlar usando tu cuadrado favorito?

EL ENFOQUE DEL POZO Y LA HISTORIA

Quizás hayas notado dos ejes en el centro del diagrama de la epistemología- una línea horizontal y otra vertical que dividen el cuadrado. Estos ejes nos ayudarán a formar una imagen para entender la epistemología.

Nombremos los dos ejes: a uno le llamaremos 'pozo' y al otro ' historia'. El eje del pozo se refiere a una manera de entender los textos revelados, como la Biblia, el Corán o la Torá. Este enfoque requiere que se extraiga lo que necesitamos del texto, de la misma manera que sacamos agua de un pozo. Echamos el cubo y sacamos información, guía, consuelo, inspiración, corrección, amonestación, promesas y cualquier otra cosa que podamos necesitar. Conocemos la realidad a través de un compromiso activo con el texto, cómo nos afecta y cómo reaccionamos.

En cambio, el enfoque de la historia se refiere a una manera de entender que tiene en cuenta el marco general de la realidad. Este enfoque se centra en grandes movimientos históricos de civilizaciones y culturas, o en la historia de la actividad e intención divina, tal y como se expresa en un texto. Este enfoque nos sitúa, junto con nuestras experiencias, en el panorama general y nos permite conocer dónde estamos y qué significado tenemos. Este es quizás un enfoque más pasivo en el que permitimos que la realidad que nos rodea sea lo que es.

¿Cuál es el énfasis del enfoque del pozo? Soy yo. ¿Cuál es el centro del enfoque de la historia? Es Dios o la realidad en su totalidad. La gente a veces se pregunta qué enfoque es más importante.

¿Puedes ver el problema de esta pregunta? Es como si alguien te preguntara qué lado de la moneda te gustaría tener. Tienes que tener los dos lados. Una moneda con valor tiene dos lados.

Si la Biblia es verdad, Dios nos creó para ser personas con significado y puntos de vista subjetivos. Esto implica que no sólo deberíamos centrarnos en Dios cuando leemos la Biblia y pretender que no existimos o que somos irrelevantes. Si Dios nos hizo, no debemos devaluarnos a nosotros mismos. Nuestras necesidades y nuestras opiniones son importantes.

Sin embargo, si nos limitamos a escoger el enfoque del pozo -ignorando el enfoque de la historia- la experiencia se convierte en nuestra única maestra y nos desconecta de la realidad que existe fuera de nosotros. Sin el contexto del enfoque de la historia, el cual se refiere a Dios, estamos alienados y aislados, porque nos descontextualizamos del total de la realidad. La Biblia es la historia de Dios. Es el relato de Su carácter e intervención en la historia. Si leemos la Biblia sin este marco, no podemos tener una relación auténtica con Dios, el cual es mayor que nuestra experiencia subjetiva. Sin este marco no se puede hallar significado en lo que leemos- de hecho, no podemos encontrar significado en nada- porque el significado *significa* relaciones. El significado, como mencioné anteriormente, depende de una relación con algo fuera de nosotros mismos. Nada tiene significado por sí mismo. Si me aíslo y me limito a tener tan sólo el enfoque del pozo, tengo cada vez menos significado.

A menudo nos vemos enfrentados con preguntas que nos invitan y nos desafían a elegir el enfoque del pozo sobre el enfoque de la historia, o viceversa. Pero responder a preguntas de este tipo puede resultar destructivo. Necesitamos ambos enfoques de la misma manera que necesitamos ambos lados de la moneda para tener una moneda 'real'.

Pongamos estos dos enfoques en dos columnas, como se muestra en el siguiente diagrama.

POZO	HISTORIA

Consideremos ahora grupos de palabras e ideas opuestas que colocaremos en el diagrama en la columna de 'pozo' y en la columna de 'historia'.

POZO	HISTORIA
Subjetivo (yo)	Objetivo (Otro)
Libertad	Forma
Esposa	Esposo
Diversidad	Unidad
Misterio	Definición
Cerebro Derecho	Cerebro Izquierdo
Microscopio	Telescopio
Compartir mi Fe	Compartir la Fe
Mi testimonio	Testimonio de Jesús
Ola	Partícula
Yin	Yang
Libre albedrío	Predestinación
Jesús como Hombre	Cristo como Dios
Verdad imprecisa	Verdad precisa
Misericordia	Justicia
Educar	Enseñar
Arte	Ciencias

El primer grupo de palabras es 'objetivo' y 'subjetivo'. Teniendo en cuenta lo que hemos dicho hasta ahora, ¿puedes discernir cuál de ellas se ha de colocar bajo 'pozo' y cuál bajo 'historia'?

La mayoría de la gente puede ver que 'subjetivo', el cual está relacionado conmigo, va en la columna del pozo; y 'objetivo', que está relacionado con aquella parte de la realidad que es independiente de mí mismo, va en la columna de la historia. De la misma manera en la que se explicó la complementación de los cuatro recuadros, vemos aquí que la relación entre objetivo y subjetivo no debe ser competitiva sino complementaria. Preguntarnos cuál de ellos es mejor es destructivo, ya que se necesitan los dos.

Considera esta pareja: 'libertad' y 'forma'. Observamos que 'forma' pertenece a la columna de la historia porque se refiere al marco de la realidad. Formas en general incluyen, por ejemplo, la ley de la gravedad y la termodinámica. Por otra parte, 'libertad' va en la columna del pozo y representa la infinita variedad de opciones y actividad que reciben significado a través de la estructura de la forma. De nuevo vemos que tanto la libertad como la forma son esenciales; no deberían competir entre ellas.

La siguiente pareja es 'esposa' y 'esposo'. 'Esposa' está más hacia el lado del pozo. La esposa es una fuente (o un pozo) de vida. De la esposa nace la vida. La esposa se asemeja al hogar, la madre, el bienestar, la intimidad y la aceptación incondicional. 'Esposo' se acerca más hacia el lado de la historia porque provee un contexto protector para el florecimiento del pozo. ¿Pero, cuál de ellos es el más importante en el matrimonio? La respuesta evidente es que los dos son igualmente importantes. Sin embargo, la relación no es 50-50. Si quitamos la esposa no nos quedamos con 50% del matrimonio, porque un matrimonio es 100% esposa. También es 100% esposo. El matrimonio es una realidad del 200%- lo cual es también cierto de nuestra relación con Dios; de hecho, un físico me ha comentado que el 100% de la esposa no se añade al 100% del esposo, sino que es multiplicado por 100%. Esto daría una realidad del 10.000%, convirtiendo al matrimonio en algo increíblemente rico y complejo.

La siguiente pareja es 'diversidad' y 'unidad'. ¿Qué opinas de esto? ¿En qué columna pondrás a cada una? ¿Por qué?

¿Y qué diremos de 'misterio' y 'definición'? ¿Dónde los colocamos?

A continuación verás estas parejas en sus columnas correspondientes, junto con otras parejas. Mira con atención a cada pareja y reflexiona. ¿Qué te parece? ¿Piensas que alguno de ellos está no está en la columna correcta? ¿Por qué? Algunas parejas son más obvias que otras. Quizás quieres hacer este ejercicio con otras personas para ver dónde los colocarían ellos. ¿Qué lado es el más auténtico para cada pareja? La respuesta es ninguno. Ambos son igualmente verdaderos y ambos se necesitan para una verdad completa. Por ejemplo, como hemos dicho, tanto el esposo como la esposa se necesitan para una realidad total del matrimonio. Los dos no deberían relacionarse en competición sino en complementación. Esta complementación depende de que el esposo y la esposa son diferentes, no idénticos. Los niños y las niñas no son lo mismo.

Estudiemos más de cerca estas parejas. Considera la pareja 'mi fe' y 'la fe'. En muchos grupos cristianos oímos con frecuencia el compartir 'mi fe', pero no oímos tanto el compartir 'la fe'. Para poder enfocar equilibradamente esta pareja, me gusta hacerle a la gente esta pregunta: '¿Quién es Jesucristo antes de que tú nacieras?' Esta es una pregunta difícil para aquellos que se concentran en el enfoque de la realidad del pozo. Saben cómo se sienten con respecto a Jesús, y qué han experimentado de Jesús en sus vidas; pero puede que no hayan aprendido mucho a través del enfoque de la historia sobre quién es Jesús independientemente de sus experiencias. Pueden hablar más de sus experiencias únicas de Jesús que de la realidad objetiva de Jesús- la cual puede ser compartida. Es más posible compartir 'la fe' que 'mi fe'. Todos compartimos y conocemos los hechos sobre la vida de Jesús; nuestras experiencias de Jesús son más privadas y más difíciles de compartir.

Por otro lado, hay personas que saben mucho de Jesús, pero no tienen ninguna experiencia con Jesús. Esto se inclina demasiado hacia el lado de la historia y no produce una realidad completa tampoco.

Notemos que algunas partes de la realidad no encajan en las columnas del pozo o de la historia. 'El bien' y 'el mal' no se presentan como una pareja porque, en la visión Bíblica, 'el bien' y 'el mal' no son dos aspectos complementarios de la verdad ni opuestos iguales. El bien es la realidad original; el mal es una distorsión derivativa. Sólo el bien es verdadero; el mal es falso. Esta visión está en contra de las visiones del mundo dualistas, en las que tanto el bien como el mal se consideran iguales en originalidad y realidad e igualmente importantes al constituir la verdad.

Por la misma razón, las columnas no incluyen la pareja 'amor' y 'odio', o 'luz' y 'oscuridad'- porque, como hemos dicho, tan solo el primer miembro de esas parejas es verdadero y original.

Finalmente, considera la pareja 'impersonal' y 'personal'. ¿Existimos en una realidad que es fundamentalmente material y energética con configuraciones personales- o una realidad que es fundamentalmente personal, funcionando fuera y dentro de una matriz material y energética? Si la Biblia es cierta, la realidad es fundamentalmente personal más que mecánica o energética. Es por esto por lo que las columnas no incluyen la pareja 'personal' e 'impersonal'; sólo 'personal' es verdadero.

PREFERENCIAS: POZO VERSUS HISTORIA

Según hemos ido descubriendo, la gente tiende a tener un recuadro epistemológico favorito. Lo mismo se puede decir de las columnas del pozo y de la historia. Aquellas personas que valoran las experiencias probablemente prefieren la columna del pozo, mientras que las que valoran la razón y la racionalidad probablemente enfatizan la columna de la historia. La mayoría de nosotros tendrá una tendencia natural hacia una columna u otra. Reitero de nuevo que mi consejo es reforzar aquella que es más débil y de esa forma proveer un equilibrio y una integridad a tu enfoque de la realidad.

Una vez que empezamos a orar y a reforzar nuestras debilidades, empezamos a ver la realidad de una manera más completa. Empezamos a experimentar un conocimiento vivo que es más completo y no parcial. El proceso será exigente y a veces aterrador porque implica un cambio de paradigma o un cambio en el modelo de realidad. Nos hará sentirnos muy incómodos.

En el Sermón del Monte hay una sección pequeña (Mateo 6:19-21, 24) donde Jesús enseña acerca de dos áreas de conflicto en nuestra vida: invertir y servir. Dice:

No os hagáis tesoros en la tierra, donde la polilla y el orín corrompen, y donde ladrones minan y hurtan; sino haceos tesoros en el cielo, donde ni la polilla ni el orín corrompen, y donde ladrones no minan ni hurtan. Porque donde esté vuestro tesoro, allí estará también vuestro corazón... Ninguno puede servir a dos señores; porque o aborrecerá a uno y amará al otro, o estimará al uno y menospreciará al otro. No podéis servir a Dios y a las riquezas.

Se nos anima a invertir nuestras vidas en la realidad total del cielo, el cual incluye la tierra también, más que invertir en un contexto limitado, aislado y deficiente de la creación sola. Se nos anima a servir al Dador y no a las dádivas. Tenemos que servir al Dios que nos da la capacidad de producir riqueza.

Entre estas dos áreas de aparente conflicto, hay una sección pequeña y malentendida sobre la perspectiva. Jesús dice (Mateo 6:22-23):

La lámpara del cuerpo es el ojo; así que, si tu ojo es bueno, todo tu cuerpo estará lleno de luz; pero si tu ojo es maligno, todo tu cuerpo estará en tinieblas. Así que, si la luz que en ti hay es tinieblas, ¿cuántas no serán las mismas tinieblas?

Nuestra percepción (el ojo) es la fuente de luz de nuestra vida. En muchas traducciones modernas se habla de 'si tu ojo es bueno' o 'sano', pero la palabra original del Griego es 'único'. Esto significa que tenemos una visión de la realidad en su totalidad, la cual está unificada, es complementaria y completa. De esta manera se resuelven los aparentes conflictos de las secciones sobre la inversión y el servicio. Cuando vemos 'hacer tesoros' y 'servir' en este contexto o con un foco holístico, entonces los conflictos se resuelven cuando contextualizamos todo dentro del Reino de Dios. Experimentamos el producir riqueza y el servir a la gente como parte de nuestra vida en el Reino de Dios.

¿Ves ahora la conexión entre esta sección del Sermón del Monte y los cuatro recuadros del diagrama de la epistemología, y los dos ejes? ¿Si tenemos en cuenta los cuatro recuadros y las dos columnas y los enfocamos complementariamente, estaremos más iluminados?

Ver con un solo ojo es difícil. Significa reunir aspectos de la realidad que no parecen encajar de una manera racional. La realidad es importante, pero puede ser exagerada y causar distorsiones- incluso en la iglesia. Durante el periodo de la Ilustración y la revolución científica, cuando surgió una fe robusta que creía que toda la verdad se puede expresar numéricamente, la gente empezó a representar la realidad en superficies planas de dos dimensiones, usando diagramas de círculos y de barras. Todas las divisiones siempre sumaban 100%. La Biblia no divide así las cosas, pero con todo y con eso, la iglesia se apropió de los principios del mundo y empezó a tratar de comprender la verdad a través de la visión mundial. Como resultado de ello, los cristianos han intentado dividirlo todo en términos matemáticos.

Por ejemplo, la realidad de la predestinación y el libre albedrío se representa con frecuencia en un diagrama circular y la gente intenta dividir el diagrama en partes que suman 100%. Hay algunos que hacen la división en dos partes al 50%, pero eso no dignifica la soberanía de Dios. Otros puede que digan que el diagrama está dividido en un 51% de soberanía de Dios y un 49% de libre albedrío humano. Esto tampoco es satisfactorio. Incluso si dijéramos que se divide en un 99% de soberanía de Dios y un 1% de libre albedrío, tampoco esto nos satisface. Lo más lógico es que Dios es 100% soberano- lo cual implica que los humanos son piezas de ajedrez- o que el libre albedrío humano es 100% libre- lo cual significa que Dios se ha ido de vacaciones.

Tiene más sentido si intentamos representar la realidad como un disco de libre albedrío y un disco de predestinación, en vez de un diagrama de dos dimensiones. Ambos discos (libre albedrío y predestinación) son 100%. Los discos se interrelacionan para formar una esfera tridimensional de la realidad. Esta esfera expresa un 200% realidad- o, como dije antes, un 10.000% realidad. La soberanía de Dios es total y completa, y el libre albedrio humano es total y completo. La relación entre la soberanía de Dios y el libre albedrío humano no está en competición si lo vemos como un modelo tridimensional más que un modelo de dos dimensiones.

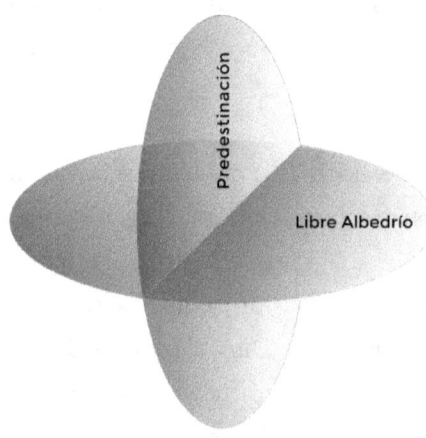

De la misma manera en que percibimos la predestinación y el libre albedrío con un 'solo ojo', también debemos observar otras divisiones, diferencias y contrastes como unificados. Cuando leemos la Biblia, tanto el enfoque del pozo como el enfoque de la historia son necesarios para entender la verdad. Si queremos comprender a Dios y la realidad absoluta de la forma más completa, necesitamos tener en cuenta todos aquellos recursos que nos ayuden a conocerle, incluyendo la Biblia, nuestras experiencias, la racionalidad y las instituciones o tradiciones. Ninguna de ellas es superior a la otra y ninguna de ellas debe ignorarse.

Lo cierto es que todos estamos desequilibrados. Todos estamos enfermos. Por lo tanto, la pregunta no es '¿estoy desequilibrado?' sino '¿de qué manera estoy desequilibrado? ¿Cómo puedo sanarme?'. Debemos plantearnos este reto con humildad.

La humildad no es timidez o servilismo. La humildad es realismo. Cuando soy realista, me doy perfecta cuenta de mis puntos fuertes y mis debilidades. Si poseo un don para enseñar, por ejemplo, y digo 'No, estoy seguro de que no puedo hacer eso. Seguro que otros lo hacen mejor'- eso no es humildad, es orgullo. Lo que decimos con eso es 'Dios me ha hecho con este talento, pero si lo niego me siento mejor y la gente me tiene en más alta estima'. Eso parece humildad, pero no lo es. Eso es crearme a mí mismo según la vanidad de mi imaginación. La humildad sincera es aceptarnos a nosotros mismos tal y como somos y no pretender ser fuerte o débil a nuestra conveniencia.

¿Somos capaces de mirarnos a nosotros mismos de cerca y ver las áreas de distorsión? ¿Podemos encarar nuestras distorsiones honestamente y, con trabajo y fe, construir un enfoque más completo de cómo entendemos la realidad? Puede que cueste trabajo, que nos complique la vida y que nos deje más vulnerables. Sin embargo, un enfoque complementario de la verdad enriquece y llena nuestra vida. Nos cimienta en la realidad y nos lleva hacia una integridad más grande.   Amén.

33 PREGUNTAS Y RESPUESTAS

Estas preguntas han sido tomadas de grabaciones de charlas y de lectores del texto. Han sido editadas mínimamente y por lo tanto tienen un tono conversacional más que literario.

Una pregunta real nos evita revolotear como una mariposa alrededor de un tema y nos ayuda a concentrarnos en lo que es importante. Sólo una pregunta ignorante es una pregunta real. A veces es más difícil hacer una buena pregunta que dar una buena respuesta. ¿Qué preguntas tienes tú? Intenta descubrirlas.

1. ¿Cuáles son los obstáculos con los que se topa la gente al explorar el recuadro epistemológico de la Biblia?

Un obstáculo es el que la gente va con prisas. A veces los cristianos obligan a la gente a tomar una decisión sobre la autoridad de la Biblia sin darles tiempo para pensarlo detenidamente. Las personas pueden llegar a sentirse presionadas a entender toda la Biblia antes de aceptarla como una fuente de autoridad. De hecho, nunca llegamos a entender completamente ninguna de las cuatro fuentes de información. La Biblia es perfecta, pero nuestra comprensión acerca de ella no lo es. Por ello no debemos exigirnos el entenderla por completo. Aquellas personas que creen tener un conocimiento y entendimiento de la Biblia completo y perfecto, o de cualquier otra fuente de conocimiento, a veces se vuelven peligrosas. Yo aconsejo ir despacio. La búsqueda de la verdad es un proceso y lleva tiempo.

Otro obstáculo común es que la gente es reacia a aceptar la verdad de la fe cristiana a menos que puedan probar que todo lo demás es falso. Pero yo no creo que eso refleje la realidad. No es necesario probar que el Budismo sea totalmente falso para que tú puedas elegir a Jesús. Tampoco se ha de demostrar que el Islam es totalmente falso para que seas salvo como cristiano. Otras visiones del mundo incluyen elementos de la realidad, incluso cuando esas creencias no den una representación de la realidad absoluta.

A veces la gente toma la Biblia como lo que no es y esto puede representar un obstáculo. La Biblia no es un libro científico, aunque lo que dice no contradice la ciencia. De la misma manera, la Biblia fue escrita en otro tiempo y otras culturas y a veces la gente espera que les hable directamente en su tiempo, cultura y terminología.

2. Las personas con autoridad confunden fácilmente el tener autoridad con tener valor y utilidad. 'Tengo poder, por lo tanto soy superior y más importante que tú'. ¿Puedes comentar acerca de esto?

Dentro de la Trinidad, el Padre tiene autoridad y se la da al Hijo; el Padre manda y envía y el Hijo obedece y va. Son igualmente Dios. Lo mismo se aplica a la imagen de Dios- los seres humanos. Por ejemplo, los padres tienen autoridad y los hijos obedecen, pero, ¿cuál de ellos es más humano? Los dos son igualmente humanos. Tener autoridad no humaniza a una persona, sino que tiene una función especial dentro de las relaciones humanas.

Hace unos años estuve en una iglesia de unos cien miembros en Alemania del Este. La mayoría eran agricultores. Yo pregunté, '¿Quiénes son más humanos, los padres o los hijos?' Todos respondieron, 'Los padres'. ¡Me quedé sin habla! No sabía qué decir. Ellos estaban convencidísimos de su respuesta y no había más que discutir. Ni discusión ni especulación- esa era la realidad para ellos. Los padres son más humanos; los hijos menos. Yo pensé para mí, 'Estoy en una cultura diferente ahora. Estoy fuera de mi caja. ¿Cómo hago frente a esto? ¿Qué hago?'. Tuve que continuar. Y esta gente era cristiana. Yo los llamaría, en mi propia opinión egocéntrica, cristianos que creen en la Biblia pero que no la entienden. Aceptaban la autoridad de la

Biblia lo mismo que yo, y somos hermanos, pero creo que entendieron mal algo importante. Fundamentalmente, estábamos juntos, pero había algunas cosas que eran muy diferentes. La vida es compleja, incluso para los cristianos. No debemos suponer que todos los cristianos tenemos los mismos valores culturales, políticos, económicos y sociales ni las mismas estructuras. A veces nos encontraremos en ciertas culturas y pensaremos '¡eso no es normal!'. Pero la pregunta real es, '¿no es normal para Dios o sólo para mí?'. Si sólo es raro para mí, entonces tengo que aceptarlo. Pero si es anómalo para Dios, si realmente no encaja con el carácter de Dios, ni con sus preceptos y estructuras que El da para la vida humana, entonces debo decir, 'Aquí hay un problema. Estás cometiendo un error, querido hermano, y me siento llamado a persuadirte de ello'. Pero debemos ir con cuidado y ser humildes y asegurarnos de que estamos hablando desde una perspectiva cristiana y no desde un prejuicio cultural.

3. ¿Puede la gente con autoridad confundirse en cuanto a cómo deben funcionar en una relación de autoridad?

A veces, la gente que está bajo autoridad quiere que los que tienen autoridad tomen más responsabilidad en sus vidas de la que deben. Es muy relajante no tener responsabilidad de tu propia vida y depender de otros. Pero eso es un uso de autoridad equivocado.

Las personas bajo autoridad son a veces víctimas. Creemos que las víctimas son inocentes. De cierta forma sí lo son, sobre todo en áreas específicas de victimización. Pero las víctimas son personas y todas las personas son culpables. Nadie debe ser reducido tan sólo a ser una víctima.

Hay gente que manipula la realidad con su estatus de víctima. Algunos piensan que el sentido de la vida es descubrir lo que la vida les debe y se dedican a recoger y acumular. Así no es cómo funciona la vida.

A menudo digo que 'sin culpabilidad no hay esperanza'. Si tan solo somos víctimas, entonces todos nuestros problemas están causados por cosas malas que nos ocurren. En este caso, la única esperanza que tenemos es que nos ocurran cosas mejores. Pero nadie nos promete eso. Si somos culpables, necesitamos ser perdonados, y hay Alguien que nos promete perdón.

4. ¿Puedes elaborar la idea de cómo la libertad y la forma se relacionan con la autoridad?

Usaré el ejemplo de los padres otra vez. La autoridad de los padres moldea la libertad de los niños. Los padres ponen barreras en ciertas áreas de la vida del niño, pero no en otras. 'Puedes hacer esto', dicen los padres, 'pero no puedes hacer aquello'. Los padres dan forma a la libertad de esta manera para que los niños vivan con seguridad y con plenitud; en otras palabras, la libertad que ofrecen los padres es una libertad que tiene forma. No es una nube transitoria de libertad ni una libertad a tontas y a locas. Una libertad sin forma es peligrosa. Aquí te presento una ecuación:

$$\text{Libertad total} = \text{muerte}$$

Esta es una frase políticamente incorrecta en una cultura postmodernista en la que el valor más alto es la libertad, pero yo creo que es correcta. Si das libertad completa a tus hijos, no sobrevivirán. Morirán. Si una sociedad intenta vivir en completa libertad, sin ninguna forma de matrimonio, familia, leyes de tráfico, regulación de medicamentos a la venta, etc., no sobreviviremos por mucho tiempo. Pero si no hay libertad, entonces hay parálisis. Eso tampoco es una buena forma de vivir. Por ello, la libertad es esencial para la vida, pero debe estar complementariamente relacionada con la forma.

Lo que tendemos a hacer es girar como un péndulo entre la forma y la libertad. Tenemos giros históricos que llevan siglos y tenemos giros sociales que ocurren más rápidamente. Tenemos giros personales que pueden ocurrir varias veces en tan sólo una hora. Puede que yo anhele la forma y la seguridad que ello conlleva y entonces girar hacia la libertad -y a menudo no puedo encontrar un buen equilibrio entre los dos. Siempre hay una tensión, una lucha, un desequilibrio. Siempre hay una exageración, un estado incompleto, una falta de enfoque en la relación entre la forma y la libertad. Hay demasiado de uno o de otro. Puede que yo tenga forma en exceso en mi vida académica y libertad excesiva en mi vida sexual, o en mi vida social. Es difícil tener la situación total estabilizada y dinámica. Si sólo está estabilizada y no dinámica, está muerta y si sólo es dinámica y no estable, es caos. ¿Cómo conseguimos que la situación sea correcta con estabilidad dinámica? Volviendo a la pregunta, una buena autoridad describe la realidad de forma que da la misma importancia a la libertad y a la forma. Una mala autoridad, distorsionada o mal usada, acaba siendo extremada de una forma u otra -permitiendo demasiada libertad sin forma adecuada, o demasiada forma y reglamentos sin libertad.

5. ¿Qué pasa si no me gusta la autoridad de una institución en particular? ¿Qué hacemos si no parece ser racional? ¿Qué ocurre si, como en el caso del semáforo, parece ser más racional usar la luz verde para parar y la roja para conducir?

Puede que sea más racional para algunas personas. Pero el conocimiento es algo más que racional. Implica amor, humildad, sumisión, cooperación y servicio. Todas estas cosas ocurren en Dios, dentro de las relaciones de la Trinidad. Si estamos hechos a la imagen de Dios, entonces esos elementos deberían ser parte de nuestra manera de vivir. El ser capaz de someterse es algo muy humano y muy poderoso- una realidad que nuestra cultura occidental contemporánea no acaba de entender. Nuestra cultura tiende a exagerar lo individual, el poder personal y el éxito. Pero si no tenemos capacidad de sumisión, entonces nos vamos a encontrar con problemas. Nos faltará humildad, servicio y cooperación. Aunque puedo estar de acuerdo con la idea de que parece ser más racional darle el significado de 'parar' a la luz verde y 'conducir' a la luz roja, también necesito equilibrar mi preferencia racional con la autoridad de la tradición y someterme a la tradición. Lo mismo se puede decir de otras áreas en la vida: a veces tengo que someterme.

El primer libro de Pedro nos dice que debemos someternos por amor a Dios, no porque nuestro gobierno o políticos sean perfectos, sino porque Dios es perfecto y nos ha dicho que lo hagamos. Pedro también dice que debemos someternos a nuestros amos (o jefes). La mayoría de las traducciones inglesas dicen que debemos someternos incluso cuando el jefe es severo, pero el término correcto es *skolios*, que significa 'torcido' o incluso 'retorcido'. Significa que tienes que someterte a la autoridad de tu jefe incluso cuando es de carácter dudoso, porque la autoridad es dada por Dios y el carácter del jefe es incidental. Por supuesto que podemos aplicarlo a otras situaciones, pero está descrito claramente y por lo tanto tenemos que aceptarlo.

6. ¿Cómo sabemos que podemos confiar en Dios?

Podemos confiar en Dios porque Él nos ama. ¿Pero cómo sabemos que nos ama? Eso es complicado. Puede que nos hayan enseñado que es cierto, pero no hay una fórmula que lo demuestre. La única manera de conocer a Dios es conocerlo como una realidad viva y personal. Comprender y vivir esa realidad puede inquietarnos, porque no sabemos qué va a ocurrir.

Es como si te estuvieras muriendo de hambre y te ofrecieran un plato de sopa, pero justo cuando vas a probar la primera cucharada te preguntas, '¿esta sopa es buena o está envenenada?'. Es una pregunta razonable y hay varias formas de averiguar la respuesta. Puedes entrevistar al cocinero y ver si es un maníaco homicida. O puedes esperar a que los otros coman la sopa y ver si alguien cae muerto. Si eres muy inteligente, puedes analizar la sopa químicamente- aunque es posible que eso no te dé una respuesta completa porque la sopa puede reaccionar una vez consumida o sus propiedades pueden cambiar cuando está fría. Hay un sinfín de variedades, pero ninguna de ellas será suficiente para darte una respuesta. La única manera de saber si la sopa es buena para ti es probarla. Eso es vivir por fe. Vivimos por fe o morimos por fe. El conocimiento y la razón son útiles y pueden informar a la fe, pero sólo hasta cierto punto. La fe es necesaria.

La Biblia nos dice *prueba y ve que Dios es bueno.* Normalmente, cuando probamos no vemos y cuando vemos no probamos. Dios combina nuestros sentidos de una manera holística en esta frase. El saber que podemos confiar en Dios no se puede reducir a un solo sentido. No se puede reducir a pensar, probar, ver o sentir, sino que tiene que combinar todo esto y más. También debemos añadir la fe para poder completar nuestro conocimiento de la fiabilidad de Dios. Nos acercamos a Dios con todo nuestro ser.

7. ¿Es correcto decir que tú tienes sentimientos contradictorios acerca del postmodernismo?

Totalmente. Estoy agradecido al postmodernismo porque ha restaurado subjetividad a la verdad. Estoy descontento con el postmodernismo porque ha eliminado la objetividad de la verdad.

8. ¿El Espíritu Santo nos ayuda a conocer a través de nuestros sentimientos?

Sí, pero a veces lo que sentimos en nuestro corazón nos puede parecer que sea el Espíritu Santo, cuando en realidad no lo es- y en situaciones así nuestros sentimientos pueden contradecir la Biblia. En mi trabajo como pastor, una mujer vino y me dijo una vez, 'El Espíritu Santo me ha dicho que deje a mi marido y que sirva a Dios como misionera'. Yo exploré los sentimientos de la mujer y de su situación, lo cual no era suficiente. También exploramos lo que dice la Biblia sobre la relación matrimonial y fue por ello por lo que pude decirle que no era el Espíritu Santo quien la estaba guiando. Aunque nuestra experiencia personal es importante, habrá situaciones en las que nuestra experiencia sea engañosa, por eso debemos poner la experiencia junto con lo que dice la Biblia.

9. ¿Se puede malinterpretar la propia experiencia si se interpreta mal la Biblia?

Esto ocurre a veces. Por ejemplo, la gente piensa que aman a Dios, cuando en realidad no Le aman, porque no entienden lo que la Biblia dice acerca del amor. La Biblia nos dice claramente que hay una sola forma de saber si amamos a Dios- amar al prójimo. En otras palabras, tenemos dos tipos de experiencias- la experiencia de amar a Dios y la experiencia de amar al prójimo- ambas experiencias deben ir juntas. O podemos decir que la experiencia de amar a Dios debe ser física al igual que transcendental. Si sentimos que amamos a Dios, puede que sólo sea transcendental; puede que sólo sea una idea o un sentimiento que creemos está conectado con lo sobrenatural, pero que no tiene una evidencia física práctica. La prueba para saber si amamos a Dios de una manera real y espiritual es si amamos al prójimo. Esta experiencia física o 'encarnada' da validez a nuestra experiencia transcendental de amar a Dios; ambas experiencias tienen lugar en una relación complementaria.

Observamos el mismo dinamismo cuando hablamos de fe y obras. El Apóstol Santiago nos dice, 'Muéstrame tu fe sin obras y te mostraré mi fe por obras...la fe sin obras está muerta'. La relación entre la fe y las obras es complementaria. Sabemos que tenemos una cuando tenemos la otra; si carecemos de las dos al mismo tiempo, no tenemos ninguna de ellas. A veces la gente no comprende esto cuando lee la Biblia y piensan que tienen fe porque tienen un sentimiento o tan sólo porque cumplen unas normas.

10. ¿Se puede aplicar el enfoque del pozo y la historia a la experiencia, la racionalidad y la institución?

Sí. En el lado del pozo del recuadro I, podemos experimentar la iglesia, la nación, asociaciones étnicas u otras comunidades, nuestra identidad, seguridad y motivación. En el lado de la historia del recuadro I podemos ver la totalidad de una institución o de una comunidad, incluyendo su historia, y podemos ver cuál es nuestro lugar en ellos. Por lo tanto, en el lado del pozo, podemos experimentar orgullo y estímulo como parte de nuestra etnicidad; mientras que en el lado de la historia nos vemos dentro del contexto global comunitario y entendemos nuestro papel y contribución dentro de este marco.

El recuadro **E** también puede entenderse tanto desde el punto de vista del pozo como de la historia. En el lado del pozo experimentamos entusiasmo, gozo y paz a través de experiencias como el cántico, o el pasear en la naturaleza o el esquiar. En el lado de la historia vemos nuestras experiencias dentro del marco de nuestra vida en el tiempo y entendemos esas experiencias en su relación con el resto de nuestras experiencias. El lado de la historia del recuadro **E** puede sobreponerse con el recuadro **I**.

El recuadro **R** también se puede interpretar en los términos de pozo e historia. En el lado del pozo, podemos experimentar curiosidad, alegría y satisfacción, cuando exploramos y aprendemos cosas nuevas basadas en la razón. Los científicos y los ingenieros se pueden identificar con esto. En el lado de la historia, vemos cómo lo que hemos aprendido o descubierto se relaciona con otras áreas del conocimiento y del progreso histórico de la ciencia. Por ejemplo, si soy un ingeniero de aviación e invento un tipo nuevo de avión, puedo ver cómo este avión ha evolucionado de otros modelos previos y cómo forma parte del progreso de la historia de la aviación.

11. ¿Cómo llegaste a diseñar los cuatro recuadros epistemológicos? ¿Qué te convenció de que ellos constituyen el marco completo del conocimiento?

Los cuatro recuadros forman parte de mi epistemología. En mi paso por este mundo he intentado ser racional y he podido ver cómo la razón nos ayuda a entender el mundo. He vivido dentro de varias tradiciones, como ser parte de una nación o una familia y por ello he visto que esas tradiciones son una parte importante para entender la realidad. He vivido experiencias personales de gran fortaleza y me parece que ellas también necesitan ser integradas en el conocimiento. Mi vida también ha sido enriquecida a través de la revelación y eso también tiene que tenerse en cuenta.

Siempre estoy luchando por integrar los cuatro recuadros. Nunca funciona a la perfección. Tengo que confiar en Dios, sobre todo cuando no lo entiendo- lo cual siempre ocurre. De hecho, si yo *pudiera* entenderlo todo por mí mismo, entonces no necesitaría a Dios y me convertiría en un ateo humanístico. Esto es lo que le pasó a Eva en el jardín de Edén cuando se encontró con la serpiente y con el fruto del conocimiento del bien y del mal. La serpiente le dijo a Eva que sería como Dios cuando comiera de la fruta, y lo descubrió. Esta es la situación en la que nos encontramos todos nosotros; todos hemos comido la fruta y todos reclamamos un conocimiento que nos hace indepedientes de Dios.

12. ¿Solo hay cuatro recuadros? ¿No hay más?

Puede que haya otras fuentes, pero yo creo que esas cuatro abarcan la mayoría de la vida. Ha habido veces cuando he dado una charla sobre epistemología y la gente ha sugerido otros recuadros, pero después de considerarlos detenidamente han resultado ser parte de los cuatro existentes.

13. A veces los científicos y los pastores están en desacuerdo con ciertas cosas, como la edad de la tierra, porque tienen diferentes enfoques. ¿Qué sugieres para que haya un diálogo más abierto en situaciones como ésta?

Sugiero que haya cierta humildad. Los recuadros tienen que mantenerse juntos y deben verse como relaciones complementarias. La Biblia no se ha de leer de forma aislada; no fue escrita para los ángeles, sino para los seres humanos, los cuales viven en el espacio, el tiempo y la historia, y esto incluye la progresión racional de la investigación científica. Debemos tener cautela y no esperar que los cuatro recuadros hablen el lenguaje de los otros. El recuadro de la racionalidad está comprometido a hablar de la manera más objetiva posible; pero la Biblia, siendo comunicación personal, incluye la subjetividad. Por ejemplo, las parábolas de Jesús son ciertas, y su verdad no está limitada a hechos objetivos. No son objetivamente correctas, pero eso no significa que sean inciertas.

14. La afirmación 'objetivamente correcta' me recuerda la distinción entre verdad 'correcta' e 'incorrecta' que mencionaste en tu libro 3 TEORÍAS DE TODO, y que se muestran en las columnas del enfoque del pozo y de la historia del presente libro. ¿Puedes elaborar esa distinción?

Permíteme darte un ejemplo que comparto a menudo con la gente. Si quieres construir un puente real, entonces tienes que abordar el proyecto objetivamente. Tienes que hacer cálculos matemáticos exactos. Si haces eso, entonces podrás construir un puente objetivamente correcto. Por otro lado, no te puedes enamorar con precisión. La experiencia es subjetiva, con emociones caóticas e impredecibles. No puedes planear el proceso del enamoramiento. Sin embargo, no puedes decir que el enamorarse no es real porque es subjetivo. Es muy real- pregúntale a cualquiera que haya estado enamorado- pero es real de una manera imprecisa. La objetividad del puente es igual para todo el mundo, pero la subjetividad de enamorarse en única y exclusiva. Una experiencia completa de la verdad es enamorarse en un puente.

15. Lo que tú enseñas acerca del aspecto objetivo de la verdad implica el definir algunas cosas. La gente a veces se siente incómoda con definiciones. ¿Por qué?

A veces la gente, sobre todo la gente postmodernista, tiene miedo de las definiciones porque temen que éstas les paralicen. La gente considera las definiciones como un punto que no se mueve. Pero una definición no es un punto, es un círculo, y en un círculo hay un número infinito de puntos. Si le pido a Antonio que me traiga una taza de té, es posible que me traiga té de menta en un tazón, té negro en una taza y plato de porcelana, té con limón, té con leche, té con miel, té de jazmín u otra clase de té. La lista es muy larga, pero no me traerá un serrucho, porque 'serrucho' está fuera del círculo de 'taza de té'. Lo mismo ocurre con 'banana' o con 'silla'. La definición es esencial para la vida porque si no la tengo me beberé el serrucho y moriré. En otras palabras, es cuestión de vida o muerte el tener definiciones. Las definiciones tienen autoridad sobre el significado y necesitamos esa autoridad. No se trata de lo que nos parece a nosotros. Si alguien te da una taza de té y pone veneno dentro, si mueres o vives no depende de si has dado autoridad al veneno para envenenarte. El veneno tiene autoridad tanto si se la das como si no.

¿De dónde procede la autoridad? La Biblia nos dice que 'Toda autoridad procede de Dios'. Esto, o es verdad o es mentira. Si es verdad, entonces debemos permanecer dentro de este entendimiento y trabajar con él. No significa que la gente use la autoridad de manera adecuada y tampoco significa que siempre nos guste. Tan sólo significa que procede de Dios, porque la autoridad existe en y entre Dios. Por lo tanto, no podemos vivir sin autoridad. Necesitamos tener cosas fuera de nosotros que nos ayuden a describir la realidad. No podemos inventar la realidad para nosotros mismos. La gente postmodernista se inclina a pensar que ellos sí pueden hacer eso y pueden inventar la realidad para sí mismos, pero yo no creo que pueda ser así. Yo creo que todos vivimos en una realidad que es independiente de nuestra actitud.

16. Algunas ramas de la iglesia protestante se han vuelto muy liberales y muy críticas hacia la Biblia. ¿Puedes comentar acerca de esto?

Esta tendencia es el resultado de la influencia de la Ilustración y el cientifismo, los cuales demandan que la verdad de la Biblia sea solamente objetiva. Muchos cristianos han absorbido esta expectativa racionalista. Cuando la Biblia no se adapta a esta expectación, los cristianos liberales se vuelven inseguros y abandonan la verdad de la Biblia. Por otro lado, los Cristianos fundamentalistas pueden ofuscarse en hacer que la Biblia sea completamente objetiva.

17. ¿Cuánta claridad se debe esperar de la lectura de la Biblia?

Deberíamos esperar bastante claridad. Sin embargo, si demandas una claridad perfecta de la Biblia, es posible que el recuadro **R** te esté forzando a leerla de una manera determinada. Es posible que la interpretes a través de un prisma muy racionalista. Un ejemplo extremo sería alguien que está investigando la identidad de la madre del hijo pródigo. Otro ejemplo sería intentar identificar la correspondencia precisa de todas las imágenes de las parábolas y extraer de las parábolas instrucciones específicas y prescripciones para la vida. Una forma mejor de enfocar las parábolas sería el verlas como ventanas que Jesús abrió, por las cuales todos podemos ver la realidad desde distintos puntos de vista. Como dije antes, las parábolas son un ejemplo de verdad inexacta.

Otro ejemplo de verdad inexacta sería el pasaje en Juan capítulo 6: 'Cualquiera que come mi cuerpo y bebe mi sangre permanece en mí y yo en él'. Este pasaje es cierto, pero no muestra una lectura 'exacta' científicamente.

*18. Algunas personas que quieren permanecer firmes en su fe cristiana se apegan al recuadro **B** para evitar que los otros recuadros les causen inseguridad en su fe. ¿Qué piensas sobre esto?*

Pienso que los Cristianos deberían considerar la posibilidad de que la fe en la Biblia se refuerza al contextualizarla con los otros tres recuadros. No podemos meternos dentro de la Biblia para vivir; la Biblia nos ayuda a vivir en el mundo. No debemos temer los otros recuadros, aunque todos tienen sus peligros. Ninguno de los recuadros es seguro. El diablo incluso intentó distorsionar cómo Jesús leía la Biblia (como vemos en Lucas 4: 9-11)- por lo tanto, ni siquiera el recuadro de la Biblia es completamente seguro. No deberíamos complacernos y adormecernos en ninguno de los recuadros.

*19. ¿Puede el recuadro **R** apoyar al recuadro **B**?*

Sí. El recuadro **R** es la base de la investigación arqueológica e histórica. Durante el siglo XVIII, muchos eruditos creían que la escritura no había sido inventada en los tiempos de Moisés, con lo cual implicaban que los primeros libros de la Biblia no podían haber sido escritos durante esa época. Sin embargo, durante el siglo XIX, unos arqueólogos descubrieron el Código de Hammurabi, escrito alrededor de 1700 antes de Cristo. Este descubrimiento dio validez a la opinión de que el Pentateuco fue escrito durante el tiempo de Moisés.

20. Los cristianos normalmente quieren someterse a la Biblia. ¿Deberíamos someternos también a los otros tres recuadros?

La autoridad de los cuatro recuadros debe ser contextualizada entre ellos, de una manera complementaria más que competitiva. No deberíamos someternos a ninguno de los recuadros aisladamente, porque eso sería una forma de idolatría. Sería tomar sólo una parte de la realidad y hacerla absoluta. Podríamos acabar adorando a la Biblia, o la experiencia o la racionalidad y encontrarnos con que hemos distorsionado nuestro entendimiento de la realidad. Recuerden que cada recuadro es esencial.

21. Puede que haya personas que digan que no necesitamos el recuadro B y podemos vivir muy bien con tan sólo E, I y R. ¿Existe algún riesgo si hacemos eso?

Hay varios riesgos. Uno de ellos es que, si hay una realidad sobrenatural, tan sólo usando **E, I** y **R** sin usar el recuadro **B**, nos deja abiertos conscientemente a lo sobrenatural, sin ningún tipo de guía. Hay mucha gente que dice 'Yo soy espiritual pero no religioso', indicando que se dan cuenta de que existe una realidad sobrenatural, pero carecen la forma de integrarla en los recuadros **E, I** y **R**. Hace que su espiritualidad sea muy subjetiva e inestable. Sin la Biblia es difícil tener aspectos objetivos de espiritualidad.

Otro riesgo es que, con tan sólo **E, I** y **R**, la gente vive dentro de un relativismo humanístico. La gente necesita absolutos si están hechos a la imagen de Dios, el cual *es* absoluto. En una cultura postmodernista, la gente desconfía de los absolutos y piensan que no hay ninguno. En conferencias en las que yo he participado, los organizadores han hecho camisetas que decían '¿son todos los absolutos absurdos?'. Esta pregunta se muerde la cola, porque si todos los absolutos son absolutamente absurdos, entonces éste también lo es. La única salida del absurdo es tener absolutos, lo cual nos es dado por el recuadro **B**.

*22. ¿No hay ninguna posibilidad de establecer un absoluto de la naturaleza objetiva del recuadro **R**?*

Se podría llegar a un absoluto, pero sería algo mecánico e impersonal. Los seres humanos experimentamos una vida que incluye lo subjetivo y lo personal, por lo que no encajaríamos en un absoluto totalmente racional u objetivo.

23. Los musulmanes y los Hindúes querrán sustituir la Biblia por otro texto espiritual, como el Korán o las Vedas. ¿Cómo podemos saber si esa versión de la epistemología es más o menos válida que la que pone la Biblia en el recuadro de la Revelación?

Tenemos que examinar los textos revelados que sugieres y ver si encajan con la historia, la ciencia y con la vida en general. Tenemos que tener cuidado al abordar esos textos religiosos de manera que no los adoremos o pensemos que son verdad, sino que indaguemos con preguntas. Debemos examinar el texto del recuadro de la Revelación (**B**) para ver si complementa los otros tres recuadros o si los contradice. En mi propia opinión, la Biblia se complementa mejor con los otros recuadros que los otros textos revelados.

24. Tu marco epistemológico reconoce el papel de la ciencia, la cual se apoya en gran medida en la razón. ¿También el arte informa nuestra epistemología?

El arte, o la creatividad, funciona mayormente en el recuadro **E**. El arte nos ayuda a experimentar la realidad y a organizar nuestras experiencias de varias maneras. Dentro del arte deberíamos incluir literatura, teatro, poesía, danza, música, escultura, decoración interior, diseño de ropa, arquitectura y por supuesto pintura. Los buenos artistas desean ayudar a la gente a conocer la realidad más profundamente. Esto es parte de la epistemología. El arte puede ser verdadero o falso, útil o inútil y por ello ha de ser probado para ver si se relaciona con el resto de los recuadros de una forma complementaria.

25. Has dicho que la autoridad funciona mejor cuando hay confianza. ¿Puedes hablar más sobre la confianza y otros elementos que son importantes en relaciones de autoridad?

Las relaciones de autoridad necesitan tener confianza para que puedan funcionar lo mejor posible. Cuando no hay confianza, la actitud de la persona bajo autoridad será de evasión, subversión o rebelión hacia la persona o institución con autoridad. La fidelidad y la coherencia también son importantes en la autoridad, al igual que el respeto. Por ejemplo, la persona que tiene autoridad debe respetar a la que está bajo autoridad. El respeto implica el reconocer que la persona bajo autoridad tiene el mismo valor que la persona con autoridad, a pesar de que desempeñen diferentes papeles.

Y hablando de papeles, necesitamos tener una idea clara de cuál es nuestro papel en una relación de autoridad. Como dije antes, la humildad es realismo. No se trata de lo que queremos o sentimos, ni tampoco el dejarnos pisar. Se trata de ser honestamente consciente de la situación real y de la condición en la que estamos. A veces necesitamos tener la humildad para aceptar que estamos *bajo* autoridad. A veces necesitamos la humildad para aceptar que *tenemos* autoridad. Ambas cosas pueden resultar difíciles. Si no aceptamos estas realidades estamos confundidos, en conflicto y no entendemos claramente. Aunque la autoridad es esencial para la vida, a menudo puede ser destructiva, por lo cual debemos ser sabios y cautelosos.

26. Antes dijiste que la gravedad tiene autoridad. Pero, si la autoridad es la 'fuerza que describe la realidad', ¿de qué forma 'describe' la gravedad a la realidad? La gravedad no puede hablar.

El habla no es la única manera de comunicarse o de demostrar algo. La gravedad 'nos dice' que si saltamos de un edificio alto nos haremos daño. Es importante que escuchemos este mensaje y que lo tomemos en serio. 'Describir' significa escribir una línea o círculo alrededor de algo y definirlo o diferenciarlo de otras partes de la realidad. La gravedad dibuja una línea alrededor del caminar, por ejemplo, y lo sitúa en el suelo en vez de en el techo o en el aire.

27. ¿Alguien más ha diseñado un modelo epistemológico de cuatro recuadros como el tuyo?

Sí, John Wesley diseñó lo que se llama el 'Cuadrilátero de Wesley', el cual incluye cuatro fuentes de autoridad para la reflexión teológica. Las cuatro fuentes de Wesley, como las mías, son las Escrituras, la tradición, la experiencia y la razón. Sin embargo, el propósito de su método Cuadrilateral es la reflexión teológica, mientras que mi propósito es epistemológico. Descubrí el trabajo de Wesley después que yo hube terminado el mío y me alegró estar en su compañía.

28. Los cuatro recuadros, al igual que el enfoque del pozo y de la historia, informan nuestro entendimiento de la realidad en su totalidad. ¿Pero cómo lo aplica la gente a sus vidas cotidianas? ¿En qué áreas de la vida ordinaria ves una aplicación de los cuatro recuadros, o del pozo y la historia?

Los recuadros y las columnas nos ayudan a tener un equilibrio en lo que pensamos y en lo que esperamos de la vida. Por ejemplo, en el caso del matrimonio, usar los recuadros, el pozo y la historia, puede ayudar a la gente a darse cuenta de que el matrimonio no es más 'varón' que 'hembra'. Otro ejemplo sería leer textos. Conocemos el significado de un texto de varias maneras- por ejemplo, por lo que dice y por cómo respondo yo. El uso de los recuadros y las columnas nos ayuda a mantener esas maneras de conocer en complementariedad. Un tercer ejemplo sería criar hijos. En este caso, los recuadros y las columnas nos ayudan a tratar a los niños dentro del aspecto objetivo de la realidad, en vez de en una realidad totalmente imaginaria.

29. Antes de que existiera la Biblia, ¿era posible tener una epistemología completa? Igualmente, hoy en día hay muchos lugares en los cuales la gente no ha sido expuesta a la Biblia. ¿Pueden esas personas experimentar una epistemología completa?

Nadie, excepto Dios como Trinidad, experimenta una epistemología completa. Sin embargo, es posible que esas personas que mencionas en tu pregunta tengan una epistemología adecuada para la salvación. El primer recuadro, como ya he mencionado, es tanto 'Revelación' como 'Biblia'. En otras palabras, Dios se revela no tan sólo a través de la Biblia, sino también a través de la creación, de la singularidad de los seres humanos y de la revelación directa. La obra del Espíritu Santo no está limitada a la Biblia; Él revela verdad a través de sueños, de la observación de la naturaleza y de otras maneras. Dios ha puesto eternidad en el corazón de todas las personas. La cuestión es cómo respondemos a Él. Una epistemología de salvación debe incluir también fe, tanto si la persona tiene la Biblia en su mano como si no.

30. Has mencionado que 'Revelación significa información que procede de lo sobrenatural al mundo natural'. ¿Puedes ampliar la explicación sobre las diferencias entre lo sobrenatural y el mundo natural?

El mundo natural, el cual es creado, incluye la tierra y el universo físico y es el objeto de la investigación científica. El mundo sobrenatural, que también es creado, incluye ángeles y demonios. También existe el mundo sobrenatural que no ha sido creado; nos referimos a Dios mismo, el cual no fue creado sino que ha existido siempre. El mundo sobrenatural (tanto el creado como el no creado) no se puede acceder en su totalidad científicamente, porque existe en parte y funciona en dimensiones que no están al alcance de la investigación física.

31. La gente dice: 'ver para creer'. ¿Qué piensas de eso?

Creo que es cierto. Ver para creer- pero también creer para ver. Por ejemplo, cuando creemos que alguien nos quiere o es fiable, los vemos de manera diferente. No sólo creemos porque vemos; lo que creemos afecta la *manera* en la que vemos. Cuando la creencia cambia cómo vemos las cosas, no significa necesariamente que lo que vemos sea más o menos real. La creencia necesita ser probada por lo que vemos. El ver y el creer van juntos. Deben funcionar juntos en una relación complementaria para que haya una epistemología completa.

32. A menudo hablas de 'realidad'. ¿Qué significa la 'realidad'?

La realidad es quién es Dios, lo que hace y lo que quiere. Esto implica que la maldad y el pecado no son reales. Dios nos hizo para ser reales o verdaderos y cuando escogemos vivir en la irrealidad Él se entristece en gran manera.

Cuando digo 'real' estoy diciendo 'total', 'completo', 'Realidad absoluta', y no un aspecto o experiencia de la realidad. Lo mismo ocurre con 'verdad'. La Verdad con una uve mayúscula es de hecho lo mismo que la Realidad. La Verdad debe incluir amor, porque el amor forma parte de quien es Dios, lo que hace y lo que quiere.

33. ¿Podemos saber si alguien es salvo?

La salvación significa cambiar de una condición egocéntrica y muerta a una condición de vida y centrada en el otro por el poder de Jesús. La salvación es un hecho que tiene un efecto. La Biblia habla de la salvación y de la seguridad de la salvación, lo cual no son la misma cosa. Si alguien es religioso y ha tenido experiencias religiosas pero no crece en los frutos del Espíritu (amor, gozo, paz, paciencia, amabilidad, bondad, fidelidad, humildad y dominio propio) no tenemos evidencia de que la persona pertenezca de verdad a Dios y tenga nueva vida en Cristo. En tal situación hay dos posibilidades: bien la persona no es salva y por lo tanto no hay vida nueva (esto es lo más posible), o la persona es salva pero está pasando un mal momento.

Los seres humanos no son el Espíritu Santo, por lo tanto nuestra epistemología es limitada. Hay cosas que sólo Dios conoce realmente.

Ellis Potter tras dar una conferencia en 2015
Colegio de Arte de Glasgow

Debo profunda gratitud a:

Peco Gaskovski
Por su persistente motivación y paciencia en la corrección.

Katharine Wolff
Por hacer este libro inteligentemente bello a la vez que da orientaciones para la trilogía.

Marsh Moyle
Por su lúcida lectura y comentarios útiles sobre el texto.

Ruth Gaskovski
Por su ánimo inspirador y por transcribir las grabaciones originales.

Destinée Media aspira a traer nuevos puntos de vista a la vida, la cultura y el mundo. Este es el segundo libro de una serie basada en las conferencias de Ellis Potter.

www.ingramcontent.com/pod-product-compliance
Lightning Source LLC
Chambersburg PA
CBHW071749080526
44588CB00013B/2193